THIS BOOK BELONGS TO

_____ & _____

CHIC NOTES

life begins
outside your
**COMFORT
ZONE**

MASTER BUCKET LIST

COMPLETED

	1	☐
	2	☐
	3	☐
	4	☐
	5	☐
	6	☐
	7	☐
	8	☐
	9	☐
	10	☐
	11	☐
	12	☐
	13	☐
	14	☐
	15	☐
	16	☐
	17	☐
	18	☐
	19	☐
	20	☐
	21	☐
	22	☐
	23	☐
	24	☐
	25	☐

MASTER BUCKET LIST

COMPLETED

_____	26	☐
_____	27	☐
_____	28	☐
_____	29	☐
_____	30	☐
_____	31	☐
_____	32	☐
_____	33	☐
_____	34	☐
_____	35	☐
_____	36	☐
_____	37	☐
_____	38	☐
_____	39	☐
_____	40	☐
_____	41	☐
_____	42	☐
_____	43	☐
_____	44	☐
_____	45	☐
_____	46	☐
_____	47	☐
_____	48	☐
_____	49	☐
_____	50	☐

MASTER BUCKET LIST

COMPLETED

51	☐
52	☐
53	☐
54	☐
55	☐
56	☐
57	☐
58	☐
59	☐
60	☐
61	☐
62	☐
63	☐
64	☐
65	☐
66	☐
67	☐
68	☐
69	☐
70	☐
71	☐
72	☐
73	☐
74	☐
75	☐

MASTER BUCKET LIST

COMPLETED

_____	76	☐
_____	77	☐
_____	78	☐
_____	79	☐
_____	80	☐
_____	81	☐
_____	82	☐
_____	83	☐
_____	84	☐
_____	85	☐
_____	86	☐
_____	87	☐
_____	88	☐
_____	89	☐
_____	90	☐
_____	91	☐
_____	92	☐
_____	93	☐
_____	94	☐
_____	95	☐
_____	96	☐
_____	97	☐
_____	98	☐
_____	99	☐
_____	100	☐

1

WE WANT TO DO THIS BECAUSE

_____
_____
_____
_____

TO MAKE IT HAPPEN WE NEED

_____
_____
_____

COMPLETED

DATE _____ WHERE _____

WITH _____

OUR TREASURED MEMORIES & THOUGHTS

_____
_____
_____
_____
_____
_____
_____
_____

WOULD WE DO IT AGAIN?   YES ☐   NO ☐

2

WE WANT TO DO THIS BECAUSE

_____

_____

_____

_____

TO MAKE IT HAPPEN WE NEED

_____

_____

_____

━━━━━━━━━━ COMPLETED ━━━━━━━━━━

DATE _____ WHERE _____

WITH _____

OUR TREASURED MEMORIES & THOUGHTS

_____

_____

_____

_____

_____

_____

_____

_____

WOULD WE DO IT AGAIN?   YES ☐   NO ☐

3

WE WANT TO DO THIS BECAUSE

_____
_____
_____
_____

TO MAKE IT HAPPEN WE NEED

_____
_____
_____

━━━━━━━━━━ COMPLETED ━━━━━━━━━━

DATE _____ WHERE _____

WITH _____

OUR TREASURED MEMORIES & THOUGHTS

_____
_____
_____
_____
_____
_____
_____
_____

WOULD WE DO IT AGAIN?   YES ☐   NO ☐

4

WE WANT TO DO THIS BECAUSE

_____

_____

_____

_____

TO MAKE IT HAPPEN WE NEED

_____

_____

_____

_____

━━━━━━━━━━━━ COMPLETED ━━━━━━━━━━━━

DATE _____ WHERE _____

WITH _____

OUR TREASURED MEMORIES & THOUGHTS

_____

_____

_____

_____

_____

_____

_____

_____

WOULD WE DO IT AGAIN?   YES ☐   NO ☐

5

WE WANT TO DO THIS BECAUSE

_____

_____

_____

_____

TO MAKE IT HAPPEN WE NEED

_____

_____

_____

_____

═══════ COMPLETED ═══════

DATE _____ WHERE _____

WITH _____

OUR TREASURED MEMORIES & THOUGHTS

_____

_____

_____

_____

_____

_____

_____

_____

WOULD WE DO IT AGAIN?   YES ☐   NO ☐

6

_____

WE WANT TO DO THIS BECAUSE

_____
_____
_____
_____

TO MAKE IT HAPPEN WE NEED

_____
_____
_____
_____

━━━━━━━━━━━ COMPLETED ━━━━━━━━━━━

DATE _____ WHERE _____

WITH _____

OUR TREASURED MEMORIES & THOUGHTS

_____
_____
_____
_____
_____
_____
_____
_____

WOULD WE DO IT AGAIN?   YES ☐   NO ☐

7

WE WANT TO DO THIS BECAUSE

_____

_____

_____

_____

TO MAKE IT HAPPEN WE NEED

_____

_____

_____

_____

▬▬▬ COMPLETED ▬▬▬

DATE _____ WHERE _____

WITH _____

OUR TREASURED MEMORIES & THOUGHTS

_____

_____

_____

_____

_____

_____

_____

_____

WOULD WE DO IT AGAIN?   YES ☐   NO ☐

8

WE WANT TO DO THIS BECAUSE

_____

_____

_____

_____

TO MAKE IT HAPPEN WE NEED

_____

_____

_____

_____

━━━━━━━━━━━━ COMPLETED ━━━━━━━━━━━━

DATE _____ WHERE _____

WITH _____

OUR TREASURED MEMORIES & THOUGHTS

_____

_____

_____

_____

_____

_____

_____

_____

WOULD WE DO IT AGAIN? YES ☐   NO ☐

9

WE WANT TO DO THIS BECAUSE

_____
_____
_____
_____

TO MAKE IT HAPPEN WE NEED

_____
_____
_____
_____

═══ COMPLETED ═══

DATE _____ WHERE _____

WITH _____

OUR TREASURED MEMORIES & THOUGHTS

_____
_____
_____
_____
_____
_____
_____
_____

WOULD WE DO IT AGAIN?   YES ☐   NO ☐

10

WE WANT TO DO THIS BECAUSE

_____

_____

_____

_____

TO MAKE IT HAPPEN WE NEED

_____

_____

_____

COMPLETED

DATE _____   WHERE _____

WITH _____

OUR TREASURED MEMORIES & THOUGHTS

_____

_____

_____

_____

_____

_____

_____

_____

WOULD WE DO IT AGAIN?   YES ☐   NO ☐

11

WE WANT TO DO THIS BECAUSE

_____

_____

_____

_____

TO MAKE IT HAPPEN WE NEED

_____

_____

_____

━━━━━━━━━━━ COMPLETED ━━━━━━━━━━━

DATE _____ WHERE _____

WITH _____

OUR TREASURED MEMORIES & THOUGHTS

_____

_____

_____

_____

_____

_____

_____

_____

WOULD WE DO IT AGAIN?   YES ☐   NO ☐

12

WE WANT TO DO THIS BECAUSE

_____

_____

_____

_____

TO MAKE IT HAPPEN WE NEED

_____

_____

_____

_____

━━━━━━━━━━━━ COMPLETED ━━━━━━━━━━━━

DATE _____ WHERE _____

WITH _____

OUR TREASURED MEMORIES & THOUGHTS

_____

_____

_____

_____

_____

_____

_____

_____

WOULD WE DO IT AGAIN?   YES ☐   NO ☐

13

WE WANT TO DO THIS BECAUSE

_____
_____
_____
_____

TO MAKE IT HAPPEN WE NEED

_____
_____
_____

COMPLETED

DATE _____ WHERE _____

WITH _____

OUR TREASURED MEMORIES & THOUGHTS

_____
_____
_____
_____
_____
_____
_____
_____

WOULD WE DO IT AGAIN?   YES ☐   NO ☐

14

WE WANT TO DO THIS BECAUSE

_____

_____

_____

_____

TO MAKE IT HAPPEN WE NEED

_____

_____

_____

_____

COMPLETED

DATE _____ WHERE _____

WITH _____

OUR TREASURED MEMORIES & THOUGHTS

_____

_____

_____

_____

_____

_____

_____

WOULD WE DO IT AGAIN?   YES ☐   NO ☐

15

WE WANT TO DO THIS BECAUSE

_____
_____
_____
_____

TO MAKE IT HAPPEN WE NEED

_____
_____
_____
_____

COMPLETED

DATE _____ WHERE _____

WITH _____

OUR TREASURED MEMORIES & THOUGHTS

_____
_____
_____
_____
_____
_____
_____
_____
_____

WOULD WE DO IT AGAIN?   YES ☐   NO ☐

16

WE WANT TO DO THIS BECAUSE

_____
_____
_____
_____

TO MAKE IT HAPPEN WE NEED

_____
_____
_____

━━━━━━━━━━ COMPLETED ━━━━━━━━━━

DATE _____ WHERE _____

WITH _____

OUR TREASURED MEMORIES & THOUGHTS

_____
_____
_____
_____
_____
_____
_____
_____

WOULD WE DO IT AGAIN?   YES ☐   NO ☐

17

WE WANT TO DO THIS BECAUSE

_____
_____
_____
_____

TO MAKE IT HAPPEN WE NEED

_____
_____
_____

━━━━━━━━━━ COMPLETED ━━━━━━━━━━

DATE _____ WHERE _____

WITH _____

OUR TREASURED MEMORIES & THOUGHTS

_____
_____
_____
_____
_____
_____
_____

WOULD WE DO IT AGAIN?   YES ☐   NO ☐

18

WE WANT TO DO THIS BECAUSE

_____

_____

_____

_____

TO MAKE IT HAPPEN WE NEED

_____

_____

_____

_____

━━━━━━━━━ COMPLETED ━━━━━━━━━

DATE _____ WHERE _____

WITH _____

OUR TREASURED MEMORIES & THOUGHTS

_____

_____

_____

_____

_____

_____

_____

WOULD WE DO IT AGAIN?   YES ☐   NO ☐

19

WE WANT TO DO THIS BECAUSE

_____
_____
_____
_____

TO MAKE IT HAPPEN WE NEED

_____
_____
_____
_____

━━━━━━━━━━ COMPLETED ━━━━━━━━━━

DATE _____ WHERE _____

WITH _____

OUR TREASURED MEMORIES & THOUGHTS

_____
_____
_____
_____
_____
_____
_____
_____
_____

WOULD WE DO IT AGAIN?   YES ☐   NO ☐

20

WE WANT TO DO THIS BECAUSE

_____

_____

_____

_____

TO MAKE IT HAPPEN WE NEED

_____

_____

_____

_____

━━━━━━━━━━━━━ COMPLETED ━━━━━━━━━━━━━

DATE _____ WHERE _____

WITH _____

OUR TREASURED MEMORIES & THOUGHTS

_____

_____

_____

_____

_____

_____

_____

_____

WOULD WE DO IT AGAIN?   YES ☐   NO ☐

21

WE WANT TO DO THIS BECAUSE

_____

_____

_____

_____

TO MAKE IT HAPPEN WE NEED

_____

_____

_____

_____

━━━━━━━━━━━ COMPLETED ━━━━━━━━━━━

DATE _____ WHERE _____

WITH _____

OUR TREASURED MEMORIES & THOUGHTS

_____

_____

_____

_____

_____

_____

_____

_____

WOULD WE DO IT AGAIN?　　YES ☐　　　NO ☐

22

WE WANT TO DO THIS BECAUSE

_____

_____

_____

_____

TO MAKE IT HAPPEN WE NEED

_____

_____

_____

━━━━━━━━━━ COMPLETED ━━━━━━━━━━

DATE _____ WHERE _____

WITH _____

OUR TREASURED MEMORIES & THOUGHTS

_____

_____

_____

_____

_____

_____

_____

_____

_____

WOULD WE DO IT AGAIN?   YES ☐   NO ☐

23

WE WANT TO DO THIS BECAUSE

_____
_____
_____
_____

TO MAKE IT HAPPEN WE NEED

_____
_____
_____

━━━━━━━━━ COMPLETED ━━━━━━━━━

DATE _____ WHERE _____

WITH _____

OUR TREASURED MEMORIES & THOUGHTS

_____
_____
_____
_____
_____
_____
_____
_____

WOULD WE DO IT AGAIN?   YES ☐   NO ☐

24

WE WANT TO DO THIS BECAUSE

_____

_____

_____

_____

TO MAKE IT HAPPEN WE NEED

_____

_____

_____

━━━━━━━━━━ COMPLETED ━━━━━━━━━━

DATE _____ WHERE _____

WITH _____

OUR TREASURED MEMORIES & THOUGHTS

_____

_____

_____

_____

_____

_____

_____

_____

WOULD WE DO IT AGAIN?   YES ☐   NO ☐

25

WE WANT TO DO THIS BECAUSE

_____

_____

_____

_____

TO MAKE IT HAPPEN WE NEED

_____

_____

_____

_____

▬▬▬▬ COMPLETED ▬▬▬▬

DATE _____ WHERE _____

WITH _____

OUR TREASURED MEMORIES & THOUGHTS

_____

_____

_____

_____

_____

_____

_____

_____

WOULD WE DO IT AGAIN?   YES ☐   NO ☐

26

WE WANT TO DO THIS BECAUSE

_____

_____

_____

_____

TO MAKE IT HAPPEN WE NEED

_____

_____

_____

━━━━━━━━━━ COMPLETED ━━━━━━━━━━

DATE _____   WHERE _____

WITH _____

OUR TREASURED MEMORIES & THOUGHTS

_____

_____

_____

_____

_____

_____

_____

_____

WOULD WE DO IT AGAIN?   YES ☐   NO ☐

27

WE WANT TO DO THIS BECAUSE

_____

_____

_____

_____

TO MAKE IT HAPPEN WE NEED

_____

_____

_____

━━━━━━━━━━━ COMPLETED ━━━━━━━━━━━

DATE _____ WHERE _____

WITH _____

OUR TREASURED MEMORIES & THOUGHTS

_____

_____

_____

_____

_____

_____

_____

_____

WOULD WE DO IT AGAIN?   YES ☐   NO ☐

28

WE WANT TO DO THIS BECAUSE

_____

_____

_____

_____

TO MAKE IT HAPPEN WE NEED

_____

_____

_____

━━━━━━━━━━━━ COMPLETED ━━━━━━━━━━━━

DATE _____ WHERE _____

WITH _____

OUR TREASURED MEMORIES & THOUGHTS

_____

_____

_____

_____

_____

_____

_____

WOULD WE DO IT AGAIN?   YES ☐   NO ☐

29

WE WANT TO DO THIS BECAUSE

_____
_____
_____
_____

TO MAKE IT HAPPEN WE NEED

_____
_____
_____
_____

COMPLETED

DATE _____ WHERE _____

WITH _____

OUR TREASURED MEMORIES & THOUGHTS

_____
_____
_____
_____
_____
_____
_____
_____

WOULD WE DO IT AGAIN? YES ☐ NO ☐

30

WE WANT TO DO THIS BECAUSE

_____
_____
_____
_____

TO MAKE IT HAPPEN WE NEED

_____
_____
_____
_____

━━━━━━ COMPLETED ━━━━━━

DATE _____ WHERE _____

WITH _____

OUR TREASURED MEMORIES & THOUGHTS

_____
_____
_____
_____
_____
_____
_____
_____

WOULD WE DO IT AGAIN?   YES ☐   NO ☐

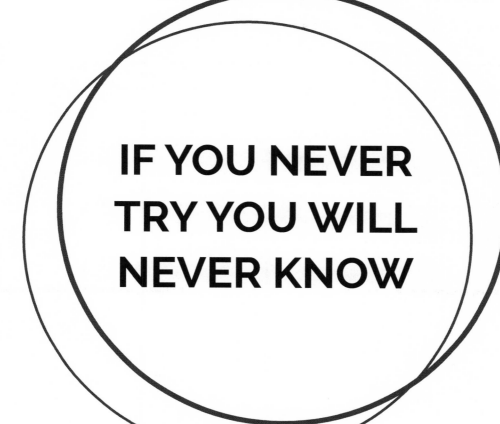

IF YOU NEVER
TRY YOU WILL
NEVER KNOW

31

WE WANT TO DO THIS BECAUSE

_____
_____
_____
_____

TO MAKE IT HAPPEN WE NEED

_____
_____
_____

COMPLETED

DATE _____   WHERE _____

WITH _____

OUR TREASURED MEMORIES & THOUGHTS

_____
_____
_____
_____
_____
_____
_____
_____

WOULD WE DO IT AGAIN?   YES ☐   NO ☐

32

WE WANT TO DO THIS BECAUSE

_____

_____

_____

_____

TO MAKE IT HAPPEN WE NEED

_____

_____

_____

============== COMPLETED ==============

DATE _____   WHERE _____

WITH _____

OUR TREASURED MEMORIES & THOUGHTS

_____

_____

_____

_____

_____

_____

_____

WOULD WE DO IT AGAIN?   YES ☐   NO ☐

33

WE WANT TO DO THIS BECAUSE

TO MAKE IT HAPPEN WE NEED

━━━━━ COMPLETED ━━━━━

DATE _____ WHERE _____

WITH _____

OUR TREASURED MEMORIES & THOUGHTS

WOULD WE DO IT AGAIN?   YES ☐   NO ☐

34

WE WANT TO DO THIS BECAUSE

_____
_____
_____
_____

TO MAKE IT HAPPEN WE NEED

_____
_____
_____
_____

=========== COMPLETED ===========

DATE _____   WHERE _____

WITH _____

OUR TREASURED MEMORIES & THOUGHTS

_____
_____
_____
_____
_____
_____
_____
_____

WOULD WE DO IT AGAIN?   YES ☐   NO ☐

35

WE WANT TO DO THIS BECAUSE

_____

_____

_____

_____

TO MAKE IT HAPPEN WE NEED

_____

_____

_____

━━━━━━━━━━ COMPLETED ━━━━━━━━━━

DATE _____   WHERE _____

WITH _____

OUR TREASURED MEMORIES & THOUGHTS

_____

_____

_____

_____

_____

_____

_____

_____

WOULD WE DO IT AGAIN?   YES ☐   NO ☐

36

WE WANT TO DO THIS BECAUSE

_____
_____
_____

TO MAKE IT HAPPEN WE NEED

_____
_____
_____

━━━━━━━━━━ COMPLETED ━━━━━━━━━━

DATE _____   WHERE _____

WITH _____

OUR TREASURED MEMORIES & THOUGHTS

_____
_____
_____
_____
_____
_____
_____

WOULD WE DO IT AGAIN?   YES ☐   NO ☐

37

WE WANT TO DO THIS BECAUSE

_____

_____

_____

_____

TO MAKE IT HAPPEN WE NEED

_____

_____

_____

━━━━━━━━━━━━━━ COMPLETED ━━━━━━━━━━

DATE _____ WHERE _____

WITH _____

OUR TREASURED MEMORIES & THOUGHTS

_____

_____

_____

_____

_____

_____

_____

_____

WOULD WE DO IT AGAIN?   YES ☐   NO ☐

38

WE WANT TO DO THIS BECAUSE

_____

_____

_____

_____

TO MAKE IT HAPPEN WE NEED

_____

_____

_____

━━━━━━━━━━ COMPLETED ━━━━━━━━━━

DATE _____   WHERE _____

WITH _____

OUR TREASURED MEMORIES & THOUGHTS

_____

_____

_____

_____

_____

_____

_____

WOULD WE DO IT AGAIN?   YES ☐   NO ☐

39

WE WANT TO DO THIS BECAUSE

_____

_____

_____

_____

TO MAKE IT HAPPEN WE NEED

_____

_____

_____

_____

━━━━━ COMPLETED ━━━━━

DATE _____ WHERE _____

WITH _____

OUR TREASURED MEMORIES & THOUGHTS

_____

_____

_____

_____

_____

_____

_____

_____

_____

WOULD WE DO IT AGAIN?　YES ☐　　NO ☐

40

WE WANT TO DO THIS BECAUSE

_____

_____

_____

_____

TO MAKE IT HAPPEN WE NEED

_____

_____

_____

_____

━━━━━━━━━━ COMPLETED ━━━━━━━━━━

DATE _____ WHERE _____

WITH _____

OUR TREASURED MEMORIES & THOUGHTS

_____

_____

_____

_____

_____

_____

_____

_____

WOULD WE DO IT AGAIN?   YES ☐   NO ☐

41

WE WANT TO DO THIS BECAUSE

_____
_____
_____
_____

TO MAKE IT HAPPEN WE NEED

_____
_____
_____
_____

═══════════ COMPLETED ═══════════

DATE _____ WHERE _____

WITH _____

OUR TREASURED MEMORIES & THOUGHTS

_____
_____
_____
_____
_____
_____
_____
_____

WOULD WE DO IT AGAIN?   YES ☐   NO ☐

42

WE WANT TO DO THIS BECAUSE

_____

_____

_____

_____

TO MAKE IT HAPPEN WE NEED

_____

_____

_____

━━━━━━━━━━━ COMPLETED ━━━━━━━━━━━

DATE _____ WHERE _____

WITH _____

OUR TREASURED MEMORIES & THOUGHTS

_____

_____

_____

_____

_____

_____

_____

WOULD WE DO IT AGAIN?   YES ☐   NO ☐

43

WE WANT TO DO THIS BECAUSE

_____
_____
_____
_____

TO MAKE IT HAPPEN WE NEED

_____
_____
_____

━━━━━━━━ COMPLETED ━━━━━━━━

DATE _____ WHERE _____

WITH _____

OUR TREASURED MEMORIES & THOUGHTS

_____
_____
_____
_____
_____
_____
_____
_____

WOULD WE DO IT AGAIN?   YES ☐   NO ☐

44

WE WANT TO DO THIS BECAUSE

_____

_____

_____

_____

TO MAKE IT HAPPEN WE NEED

_____

_____

_____

━━━━━━━━━━ COMPLETED ━━━━━━━━━━

DATE _____ WHERE _____

WITH _____

OUR TREASURED MEMORIES & THOUGHTS

_____

_____

_____

_____

_____

_____

_____

WOULD WE DO IT AGAIN?   YES ☐   NO ☐

45

WE WANT TO DO THIS BECAUSE

_____
_____
_____
_____

TO MAKE IT HAPPEN WE NEED

_____
_____
_____

COMPLETED

DATE _____ WHERE _____

WITH _____

OUR TREASURED MEMORIES & THOUGHTS

_____
_____
_____
_____
_____
_____
_____
_____

WOULD WE DO IT AGAIN?   YES ☐   NO ☐

46

WE WANT TO DO THIS BECAUSE

_____

_____

_____

_____

TO MAKE IT HAPPEN WE NEED

_____

_____

_____

◼ COMPLETED ◼

DATE _____ WHERE _____

WITH _____

OUR TREASURED MEMORIES & THOUGHTS

_____

_____

_____

_____

_____

_____

_____

WOULD WE DO IT AGAIN?   YES ☐   NO ☐

47

WE WANT TO DO THIS BECAUSE

_____

_____

_____

_____

TO MAKE IT HAPPEN WE NEED

_____

_____

_____

_____

━━━━━━━━ COMPLETED ━━━━━━━━

DATE _____   WHERE _____

WITH _____

OUR TREASURED MEMORIES & THOUGHTS

_____

_____

_____

_____

_____

_____

_____

_____

WOULD WE DO IT AGAIN?   YES ☐   NO ☐

48

WE WANT TO DO THIS BECAUSE

_____

_____

_____

_____

TO MAKE IT HAPPEN WE NEED

_____

_____

_____

━━━━━━━━━━━ COMPLETED ━━━━━━━━━━━

DATE _____ WHERE _____

WITH _____

OUR TREASURED MEMORIES & THOUGHTS

_____

_____

_____

_____

_____

_____

_____

_____

WOULD WE DO IT AGAIN?   YES ☐   NO ☐

49

WE WANT TO DO THIS BECAUSE

_____

_____

_____

_____

TO MAKE IT HAPPEN WE NEED

_____

_____

_____

_____

━━━━━━━━ COMPLETED ━━━━━━━━

DATE _____ WHERE _____

WITH _____

OUR TREASURED MEMORIES & THOUGHTS

_____

_____

_____

_____

_____

_____

_____

_____

_____

WOULD WE DO IT AGAIN? YES ☐ NO ☐

50

WE WANT TO DO THIS BECAUSE

_____

_____

_____

_____

TO MAKE IT HAPPEN WE NEED

_____

_____

_____

━━━━━━━━━━━ COMPLETED ━━━━━━━━━━━

DATE _____ WHERE _____

WITH _____

OUR TREASURED MEMORIES & THOUGHTS

_____

_____

_____

_____

_____

_____

_____

WOULD WE DO IT AGAIN? YES ☐ NO ☐

51

WE WANT TO DO THIS BECAUSE

_____

_____

_____

_____

TO MAKE IT HAPPEN WE NEED

_____

_____

_____

COMPLETED

DATE _____ WHERE _____

WITH _____

OUR TREASURED MEMORIES & THOUGHTS

_____

_____

_____

_____

_____

_____

_____

_____

_____

WOULD WE DO IT AGAIN?   YES ☐   NO ☐

52

WE WANT TO DO THIS BECAUSE

_____

_____

_____

_____

TO MAKE IT HAPPEN WE NEED

_____

_____

_____

━━━━━━━━━━━ COMPLETED ━━━━━━━━━━━

DATE _____ WHERE _____

WITH _____

OUR TREASURED MEMORIES & THOUGHTS

_____

_____

_____

_____

_____

_____

_____

WOULD WE DO IT AGAIN?   YES ☐   NO ☐

53

WE WANT TO DO THIS BECAUSE

_____
_____
_____
_____

TO MAKE IT HAPPEN WE NEED

_____
_____
_____

═══════════ COMPLETED ═══════════

DATE _____ WHERE _____

WITH _____

OUR TREASURED MEMORIES & THOUGHTS

_____
_____
_____
_____
_____
_____
_____
_____

WOULD WE DO IT AGAIN?   YES ☐   NO ☐

54

WE WANT TO DO THIS BECAUSE

_____

_____

_____

_____

TO MAKE IT HAPPEN WE NEED

_____

_____

_____

━━━━ COMPLETED ━━━━

DATE _____ WHERE _____

WITH _____

OUR TREASURED MEMORIES & THOUGHTS

_____

_____

_____

_____

_____

_____

_____

WOULD WE DO IT AGAIN?   YES ☐   NO ☐

55

WE WANT TO DO THIS BECAUSE

_____
_____
_____
_____

TO MAKE IT HAPPEN WE NEED

_____
_____
_____
_____

▬▬▬ COMPLETED ▬▬▬

DATE _____ WHERE _____

WITH _____

OUR TREASURED MEMORIES & THOUGHTS

_____
_____
_____
_____
_____
_____
_____
_____
_____

WOULD WE DO IT AGAIN?   YES ☐   NO ☐

56

WE WANT TO DO THIS BECAUSE

_____

_____

_____

_____

TO MAKE IT HAPPEN WE NEED

_____

_____

_____

━━━━━━━━━━━━━ COMPLETED ━━━━━━━━━━━━━

DATE _____ WHERE _____

WITH _____

OUR TREASURED MEMORIES & THOUGHTS

_____

_____

_____

_____

_____

_____

_____

_____

WOULD WE DO IT AGAIN?   YES ☐   NO ☐

57

WE WANT TO DO THIS BECAUSE

_____
_____
_____
_____

TO MAKE IT HAPPEN WE NEED

_____
_____
_____

COMPLETED

DATE _____ WHERE _____

WITH _____

OUR TREASURED MEMORIES & THOUGHTS

_____
_____
_____
_____
_____
_____
_____
_____

WOULD WE DO IT AGAIN?   YES ☐   NO ☐

58

WE WANT TO DO THIS BECAUSE

_____

_____

_____

_____

TO MAKE IT HAPPEN WE NEED

_____

_____

_____

COMPLETED

DATE _____ WHERE _____

WITH _____

OUR TREASURED MEMORIES & THOUGHTS

_____

_____

_____

_____

_____

_____

_____

_____

WOULD WE DO IT AGAIN?   YES ☐   NO ☐

59

WE WANT TO DO THIS BECAUSE

_____

_____

_____

_____

TO MAKE IT HAPPEN WE NEED

_____

_____

_____

COMPLETED

DATE _____ WHERE _____

WITH _____

OUR TREASURED MEMORIES & THOUGHTS

_____

_____

_____

_____

_____

_____

_____

_____

WOULD WE DO IT AGAIN?   YES ☐   NO ☐

60

WE WANT TO DO THIS BECAUSE

_____

_____

_____

_____

TO MAKE IT HAPPEN WE NEED

_____

_____

_____

━━━━━━━━━━━ COMPLETED ━━━━━━━━━━━

DATE _____ WHERE _____

WITH _____

OUR TREASURED MEMORIES & THOUGHTS

_____

_____

_____

_____

_____

_____

_____

WOULD WE DO IT AGAIN?   YES ☐   NO ☐

LET TODAY BE
THE START OF
SOMETHING NEW

61

WE WANT TO DO THIS BECAUSE

_____

_____

_____

_____

TO MAKE IT HAPPEN WE NEED

_____

_____

_____

_____ COMPLETED _____

DATE _____ WHERE _____

WITH _____

OUR TREASURED MEMORIES & THOUGHTS

_____

_____

_____

_____

_____

_____

_____

_____

WOULD WE DO IT AGAIN?   YES ☐   NO ☐

62

WE WANT TO DO THIS BECAUSE

_____

_____

_____

_____

TO MAKE IT HAPPEN WE NEED

_____

_____

_____

━━━━━━━━━━ COMPLETED ━━━━━━━━━━

DATE _____ WHERE _____

WITH _____

OUR TREASURED MEMORIES & THOUGHTS

_____

_____

_____

_____

_____

_____

_____

_____

WOULD WE DO IT AGAIN?   YES ☐   NO ☐

63

WE WANT TO DO THIS BECAUSE

_____

_____

_____

_____

TO MAKE IT HAPPEN WE NEED

_____

_____

_____

COMPLETED

DATE _____ WHERE _____

WITH _____

OUR TREASURED MEMORIES & THOUGHTS

_____

_____

_____

_____

_____

_____

_____

_____

_____

WOULD WE DO IT AGAIN?   YES ☐   NO ☐

64

WE WANT TO DO THIS BECAUSE

_____

_____

_____

_____

TO MAKE IT HAPPEN WE NEED

_____

_____

_____

═══════════ COMPLETED ═══════════

DATE _____ WHERE _____

WITH _____

OUR TREASURED MEMORIES & THOUGHTS

_____

_____

_____

_____

_____

_____

_____

_____

WOULD WE DO IT AGAIN?   YES ☐   NO ☐

65

WE WANT TO DO THIS BECAUSE

_____

_____

_____

_____

TO MAKE IT HAPPEN WE NEED

_____

_____

_____

━━━━━━━━ COMPLETED ━━━━━━━━

DATE _____ WHERE _____

WITH _____

OUR TREASURED MEMORIES & THOUGHTS

_____

_____

_____

_____

_____

_____

_____

_____

WOULD WE DO IT AGAIN?   YES ☐   NO ☐

66

WE WANT TO DO THIS BECAUSE

_____

_____

_____

_____

TO MAKE IT HAPPEN WE NEED

_____

_____

_____

═══════════ COMPLETED ═══════════

DATE _____ WHERE _____

WITH _____

OUR TREASURED MEMORIES & THOUGHTS

_____

_____

_____

_____

_____

_____

_____

_____

WOULD WE DO IT AGAIN?   YES ☐   NO ☐

67

WE WANT TO DO THIS BECAUSE

_____

_____

_____

_____

TO MAKE IT HAPPEN WE NEED

_____

_____

_____

══════════ COMPLETED ══════════

DATE _____ WHERE _____

WITH _____

OUR TREASURED MEMORIES & THOUGHTS

_____

_____

_____

_____

_____

_____

_____

_____

WOULD WE DO IT AGAIN?   YES ☐   NO ☐

68

WE WANT TO DO THIS BECAUSE

_____

_____

_____

_____

TO MAKE IT HAPPEN WE NEED

_____

_____

_____

━━━━━━━━━━ COMPLETED ━━━━━━━━━━

DATE _____ WHERE _____

WITH _____

OUR TREASURED MEMORIES & THOUGHTS

_____

_____

_____

_____

_____

_____

_____

_____

WOULD WE DO IT AGAIN?   YES ☐   NO ☐

69

WE WANT TO DO THIS BECAUSE

_____

_____

_____

_____

TO MAKE IT HAPPEN WE NEED

_____

_____

_____

COMPLETED

DATE _____ WHERE _____

WITH _____

OUR TREASURED MEMORIES & THOUGHTS

_____

_____

_____

_____

_____

_____

_____

_____

WOULD WE DO IT AGAIN?   YES ☐   NO ☐

70

WE WANT TO DO THIS BECAUSE

_____

_____

_____

_____

TO MAKE IT HAPPEN WE NEED

_____

_____

_____

━━━━━━━━━━ COMPLETED ━━━━━━━━━━

DATE _____ WHERE _____

WITH _____

OUR TREASURED MEMORIES & THOUGHTS

_____

_____

_____

_____

_____

_____

_____

_____

WOULD WE DO IT AGAIN?   YES ☐   NO ☐

71

WE WANT TO DO THIS BECAUSE

_____

_____

_____

_____

TO MAKE IT HAPPEN WE NEED

_____

_____

_____

COMPLETED

DATE _____ WHERE _____

WITH _____

OUR TREASURED MEMORIES & THOUGHTS

_____

_____

_____

_____

_____

_____

_____

_____

WOULD WE DO IT AGAIN?   YES ☐   NO ☐

72

WE WANT TO DO THIS BECAUSE

_____

_____

_____

_____

TO MAKE IT HAPPEN WE NEED

_____

_____

_____

━━━━━━━━━━━ COMPLETED ━━━━━━━━━━━

DATE _____ WHERE _____

WITH _____

OUR TREASURED MEMORIES & THOUGHTS

_____

_____

_____

_____

_____

_____

_____

WOULD WE DO IT AGAIN?   YES ☐   NO ☐

73

WE WANT TO DO THIS BECAUSE

_____

_____

_____

_____

TO MAKE IT HAPPEN WE NEED

_____

_____

_____

_____

━━━━━━━ COMPLETED ━━━━━━━

DATE _____ WHERE _____

WITH _____

OUR TREASURED MEMORIES & THOUGHTS

_____

_____

_____

_____

_____

_____

_____

WOULD WE DO IT AGAIN?   YES ☐   NO ☐

74

WE WANT TO DO THIS BECAUSE

_____
_____
_____
_____

TO MAKE IT HAPPEN WE NEED

_____
_____
_____

━━━━━━━━━━ COMPLETED ━━━━━━━━━━

DATE _____ WHERE _____

WITH _____

OUR TREASURED MEMORIES & THOUGHTS

_____
_____
_____
_____
_____
_____
_____
_____

WOULD WE DO IT AGAIN?   YES ☐   NO ☐

75

WE WANT TO DO THIS BECAUSE

_____

_____

_____

_____

TO MAKE IT HAPPEN WE NEED

_____

_____

_____

━━━━━━━━━━ COMPLETED ━━━━━━━━━━

DATE _____ WHERE _____

WITH _____

OUR TREASURED MEMORIES & THOUGHTS

_____

_____

_____

_____

_____

_____

_____

_____

WOULD WE DO IT AGAIN?   YES ☐   NO ☐

76

WE WANT TO DO THIS BECAUSE

_____

_____

_____

_____

TO MAKE IT HAPPEN WE NEED

_____

_____

_____

_____

━━━━━━━ COMPLETED ━━━━━━━

DATE _____ WHERE _____

WITH _____

OUR TREASURED MEMORIES & THOUGHTS

_____

_____

_____

_____

_____

_____

_____

_____

WOULD WE DO IT AGAIN?   YES ☐   NO ☐

77

WE WANT TO DO THIS BECAUSE

_____
_____
_____
_____

TO MAKE IT HAPPEN WE NEED

_____
_____
_____

COMPLETED

DATE _____ WHERE _____

WITH _____

OUR TREASURED MEMORIES & THOUGHTS

_____
_____
_____
_____
_____
_____
_____
_____

WOULD WE DO IT AGAIN?   YES ☐   NO ☐

78

WE WANT TO DO THIS BECAUSE

_____

_____

_____

_____

TO MAKE IT HAPPEN WE NEED

_____

_____

_____

━━━━━━━━━━ COMPLETED ━━━━━━━━━━

DATE _____ WHERE _____

WITH _____

OUR TREASURED MEMORIES & THOUGHTS

_____

_____

_____

_____

_____

_____

_____

_____

WOULD WE DO IT AGAIN?   YES ☐   NO ☐

79

WE WANT TO DO THIS BECAUSE

_____

_____

_____

_____

TO MAKE IT HAPPEN WE NEED

_____

_____

_____

_____

━━━━━━━━━ COMPLETED ━━━━━━━━━

DATE _____ WHERE _____

WITH _____

OUR TREASURED MEMORIES & THOUGHTS

_____

_____

_____

_____

_____

_____

_____

_____

WOULD WE DO IT AGAIN?   YES ☐   NO ☐

80

WE WANT TO DO THIS BECAUSE

_____

_____

_____

_____

TO MAKE IT HAPPEN WE NEED

_____

_____

_____

━━━━━━━━━━ COMPLETED ━━━━━━━━━━

DATE _____ WHERE _____

WITH _____

OUR TREASURED MEMORIES & THOUGHTS

_____

_____

_____

_____

_____

_____

_____

WOULD WE DO IT AGAIN?   YES ☐   NO ☐

81

WE WANT TO DO THIS BECAUSE

_____

_____

_____

_____

TO MAKE IT HAPPEN WE NEED

_____

_____

_____

━━━━━━━━━━ COMPLETED ━━━━━━━━━━

DATE _____ WHERE _____

WITH _____

OUR TREASURED MEMORIES & THOUGHTS

_____

_____

_____

_____

_____

_____

_____

_____

WOULD WE DO IT AGAIN?   YES ☐   NO ☐

82

WE WANT TO DO THIS BECAUSE

_____

_____

_____

_____

TO MAKE IT HAPPEN WE NEED

_____

_____

_____

━━━━━━━━━ COMPLETED ━━━━━━━━━

DATE _____ WHERE _____

WITH _____

OUR TREASURED MEMORIES & THOUGHTS

_____

_____

_____

_____

_____

_____

_____

WOULD WE DO IT AGAIN?   YES ☐   NO ☐

83

WE WANT TO DO THIS BECAUSE

_____

_____

_____

_____

TO MAKE IT HAPPEN WE NEED

_____

_____

_____

━━━━━━━━━ COMPLETED ━━━━━━━━━

DATE _____ WHERE _____

WITH _____

OUR TREASURED MEMORIES & THOUGHTS

_____

_____

_____

_____

_____

_____

_____

_____

WOULD WE DO IT AGAIN?   YES ☐   NO ☐

84

WE WANT TO DO THIS BECAUSE

_____

_____

_____

_____

TO MAKE IT HAPPEN WE NEED

_____

_____

_____

━━━━━━━━ COMPLETED ━━━━━━━━

DATE _____ WHERE _____

WITH _____

OUR TREASURED MEMORIES & THOUGHTS

_____

_____

_____

_____

_____

_____

_____

WOULD WE DO IT AGAIN?   YES ☐   NO ☐

85

WE WANT TO DO THIS BECAUSE

_____

_____

_____

_____

TO MAKE IT HAPPEN WE NEED

_____

_____

_____

_____

━━━━━ COMPLETED ━━━━━

DATE _____ WHERE _____

WITH _____

OUR TREASURED MEMORIES & THOUGHTS

_____

_____

_____

_____

_____

_____

_____

_____

_____

WOULD WE DO IT AGAIN?   YES ☐   NO ☐

86

WE WANT TO DO THIS BECAUSE

_____

_____

_____

_____

TO MAKE IT HAPPEN WE NEED

_____

_____

_____

━━━━ COMPLETED ━━━━

DATE _____ WHERE _____

WITH _____

OUR TREASURED MEMORIES & THOUGHTS

_____

_____

_____

_____

_____

_____

_____

WOULD WE DO IT AGAIN?   YES ☐   NO ☐

87

WE WANT TO DO THIS BECAUSE

_____
_____
_____
_____

TO MAKE IT HAPPEN WE NEED

_____
_____
_____

━━━━━━━━━━ COMPLETED ━━━━━━━━━━

DATE _____ WHERE _____

WITH _____

OUR TREASURED MEMORIES & THOUGHTS

_____
_____
_____
_____
_____
_____
_____
_____

WOULD WE DO IT AGAIN?   YES ☐   NO ☐

88

WE WANT TO DO THIS BECAUSE

_____

_____

_____

_____

TO MAKE IT HAPPEN WE NEED

_____

_____

_____

_____

━━━━━━━━━━ COMPLETED ━━━━━━━━━━

DATE _____ WHERE _____

WITH _____

OUR TREASURED MEMORIES & THOUGHTS

_____

_____

_____

_____

_____

_____

_____

_____

_____

WOULD WE DO IT AGAIN?   YES ☐   NO ☐

89

WE WANT TO DO THIS BECAUSE

_____

_____

_____

_____

TO MAKE IT HAPPEN WE NEED

_____

_____

_____

━━━━━━━━━━ COMPLETED ━━━━━━━━━━

DATE _____ WHERE _____

WITH _____

OUR TREASURED MEMORIES & THOUGHTS

_____

_____

_____

_____

_____

_____

_____

_____

_____

WOULD WE DO IT AGAIN?   YES ☐   NO ☐

90

WE WANT TO DO THIS BECAUSE

_____
_____
_____
_____

TO MAKE IT HAPPEN WE NEED

_____
_____
_____

━━━━━━━━━━ COMPLETED ━━━━━━━━━━

DATE _____ WHERE _____

WITH _____

OUR TREASURED MEMORIES & THOUGHTS

_____
_____
_____
_____
_____
_____
_____
_____

WOULD WE DO IT AGAIN?   YES ☐   NO ☐

COLLECT
MOMENTS
NOT THINGS

91

WE WANT TO DO THIS BECAUSE

_____

_____

_____

_____

TO MAKE IT HAPPEN WE NEED

_____

_____

_____

_____

━━━━━━━━━ COMPLETED ━━━━━━━━━

DATE _____ WHERE _____

WITH _____

OUR TREASURED MEMORIES & THOUGHTS

_____

_____

_____

_____

_____

_____

_____

_____

_____

WOULD WE DO IT AGAIN?   YES ☐   NO ☐

92

WE WANT TO DO THIS BECAUSE

_____
_____
_____
_____

TO MAKE IT HAPPEN WE NEED

_____
_____
_____

━━━━━━━━━━ COMPLETED ━━━━━━━━━━

DATE _____ WHERE _____

WITH _____

OUR TREASURED MEMORIES & THOUGHTS

_____
_____
_____
_____
_____
_____
_____

WOULD WE DO IT AGAIN?   YES ☐   NO ☐

93

WE WANT TO DO THIS BECAUSE

_____
_____
_____
_____

TO MAKE IT HAPPEN WE NEED

_____
_____
_____

━━━━━━━━ COMPLETED ━━━━━━━━

DATE _____ WHERE _____

WITH _____

OUR TREASURED MEMORIES & THOUGHTS

_____
_____
_____
_____
_____
_____
_____
_____

WOULD WE DO IT AGAIN?　　YES ☐　　　NO ☐

94

WE WANT TO DO THIS BECAUSE

_____

_____

_____

_____

TO MAKE IT HAPPEN WE NEED

_____

_____

_____

━━━━━━━━━━ COMPLETED ━━━━━━━━━━

DATE _____ WHERE _____

WITH _____

OUR TREASURED MEMORIES & THOUGHTS

_____

_____

_____

_____

_____

_____

_____

_____

WOULD WE DO IT AGAIN?   YES ☐   NO ☐

95

WE WANT TO DO THIS BECAUSE

_____

_____

_____

_____

TO MAKE IT HAPPEN WE NEED

_____

_____

_____

━━━━━━━━ COMPLETED ━━━━━━━━

DATE _____ WHERE _____

WITH _____

OUR TREASURED MEMORIES & THOUGHTS

_____

_____

_____

_____

_____

_____

_____

_____

WOULD WE DO IT AGAIN?   YES ☐   NO ☐

96

WE WANT TO DO THIS BECAUSE

_____

_____

_____

_____

TO MAKE IT HAPPEN WE NEED

_____

_____

_____

━━━━━━━━━━━━ COMPLETED ━━━━━━━━━━━━

DATE _____ WHERE _____

WITH _____

OUR TREASURED MEMORIES & THOUGHTS

_____

_____

_____

_____

_____

_____

_____

_____

WOULD WE DO IT AGAIN?   YES ☐   NO ☐

97

WE WANT TO DO THIS BECAUSE

_____

_____

_____

_____

TO MAKE IT HAPPEN WE NEED

_____

_____

_____

━━━━━━━━━ COMPLETED ━━━━━━━━━

DATE _____   WHERE _____

WITH _____

OUR TREASURED MEMORIES & THOUGHTS

_____

_____

_____

_____

_____

_____

_____

WOULD WE DO IT AGAIN?   YES ☐   NO ☐

98

WE WANT TO DO THIS BECAUSE

_____

_____

_____

_____

TO MAKE IT HAPPEN WE NEED

_____

_____

_____

COMPLETED

DATE _____ WHERE _____

WITH _____

OUR TREASURED MEMORIES & THOUGHTS

_____

_____

_____

_____

_____

_____

_____

WOULD WE DO IT AGAIN?   YES ☐   NO ☐

99

WE WANT TO DO THIS BECAUSE

_____
_____
_____
_____

TO MAKE IT HAPPEN WE NEED

_____
_____
_____

━━━━━━━━━━ COMPLETED ━━━━━━━━━━

DATE _____ WHERE _____

WITH _____

OUR TREASURED MEMORIES & THOUGHTS

_____
_____
_____
_____
_____
_____
_____
_____
_____

WOULD WE DO IT AGAIN?   YES ☐   NO ☐

100

WE WANT TO DO THIS BECAUSE

_____
_____
_____
_____

TO MAKE IT HAPPEN WE NEED

_____
_____
_____

COMPLETED

DATE _____ WHERE _____

WITH _____

OUR TREASURED MEMORIES & THOUGHTS

_____
_____
_____
_____
_____
_____
_____

WOULD WE DO IT AGAIN?   YES ☐   NO ☐

Made in the USA
Coppell, TX
22 April 2022

76907428R00067